El aire y el viento

por Carol Talley

Scott Foresman
is an imprint of

Glenview, Illinois • Boston, Massachusetts • Chandler, Arizona
Upper Saddle River, New Jersey

Every effort has been made to secure permission and provide appropriate credit for photographic material. The publisher deeply regrets any omission and pledges to correct errors called to its attention in subsequent editions.

Unless otherwise acknowledged, all photographs are the property of Pearson.

Photo locations denoted as follows: Top (T), Center (C), Bottom (B), Left (L), Right (R), Background (Bkgd).

Opener: John Beatty/Photo Researchers, Inc; 1 Hugh S. Rose/Visuals Unlimited; 3 Hans Neleman/Getty Images; 4 Bett Anderson Loman/PhotoEdit, Inc., David Young-Wolff/PhotoEdit, Inc.; 5 Jeff Lepore/Photo Researchers, Inc., Visuals Unlimited; 6 Getty Images; 7 ©Cary Wolinsky/Aurora Photos; 8 Gordon Wiltsie/National Geographic; 9 Photo Researchers, Inc.; 10 ©Phil Schermeister/Peter Arnold, Inc.; 11 David Young-Wolff/PhotoEdit, Inc.; 12 Barry Runk/Stan/Grant Heilman Photography.

ISBN 13: 978-0-328-53553-8
ISBN 10:   0-328-53553-2

Copyright © by Pearson Education, Inc., or its affiliates. All rights reserved. Printed in the United States of America. This publication is protected by copyright, and permission should be obtained from the publisher prior to any prohibited reproduction, storage in a retrieval system, or transmission in any form or by any means, electronic, mechanical, photocopying, recording, or likewise. For information regarding permissions, write to Pearson Curriculum Rights & Permissions, One Lake Street, Upper Saddle River, New Jersey 07458.

Pearson® is a trademark, in the U.S. and/or other countries, of Pearson plc or its affiliates.

Scott Foresman® is a trademark, in the U.S. and/or other countries, of Pearson Education, Inc., or its affiliates.

2 3 4 5 6 7 8 9 10 V0N4 13 12 11 10

El aire nos rodea. El aire puede ser cálido o frío. Puede ser seco o lleno de lluvia o nieve. Los cambios en el aire se llaman tiempo. Los meteorólogos son personas que miden esos cambios. Ellos predicen cómo cambiará el tiempo.

¡Un viento inesperado hace que el pelo de una muchacha vuele por el aire!

Termómetro en un día caluroso

La temperatura es lo cálido o frío que está el aire. Puedes sentir los cambios en la temperatura del aire. Nuestros cuerpos sudan cuando sentimos calor.

Nuestros cuerpos reaccionan a la temperatura del aire.

Los lentes de un hombre se congelan en Fairbanks, Alaska. ¡La temperatura es de 43 grados por debajo del punto de congelación!

Usamos termómetros para medir la temperatura del aire. La temperatura se mide en grados Celsius o en grados Fahrenheit.

En un termómetro en grados Celsius, el punto de congelación es 0 grados. El punto de congelación en un termómetro en grados Fahrenheit es 32 grados.

Termómetro (en grados Fahrenheit) en un día frío

Esta niña puede sentir la dirección en que sopla el viento.

El viento, o aire que se mueve, es parte del tiempo. No se puede ver el viento. Pero se puede sentir en qué dirección se mueve. ¡Los fuertes vientos de las tormentas pueden afectar las mareas del océano!

Los vientos se nombran por la dirección de donde vienen. Un viento del norte viene del norte.

Una veleta se mueve con el movimiento del aire. Su flecha apunta hacia la dirección en que sopla el viento.

Veleta

¿De qué dirección viene el viento?

La nieve vuela del pico Matterhorn en Suiza.

La velocidad del viento se mide en millas por hora. El humo de las chimeneas sube en línea recta con vientos de menos de una milla por hora. A esa velocidad, puedes escapar corriendo del viento, ¡pero los vientos en el pico de una montaña son mucho más fuertes!

Un anemómetro es un instrumento que mide la velocidad del viento. Las cubetas de un anemómetro giran cuando las empuja el aire. El anemómetro mide la velocidad a la que giran las cubetas.

Un científico usa un anemómetro en la Antártida.

El horizonte de San Francisco aparece parcialmente cubierto por la niebla.

El aire nunca está totalmente seco, ni siquiera en los desiertos. Siempre hay algo de agua en el aire. Se puede ver agua en el aire nublado cerca de las cataratas. Se puede ver en una bahía con niebla. Se ve agua cuando llueve o nieva.

La lluvia y la nieve se miden en pulgadas. Se puede medir la lluvia con un pluviómetro. Se puede medir la nieve con una regla o una vara de medida.

Tú puedes hacer un pluviómetro. Pon una lata en un lugar abierto. Después de que llueva, usa una regla para medir la profundidad del agua en la lata. Podrías hacerlo durante todo un año. Luego podrías dividir las pulgadas de todo el año entre doce para obtener un promedio mensual.

Estudiantes miden y anotan la cantidad de lluvia usando un pluviómetro.

Un barómetro mide la presión del aire.

La presión atmosférica es el peso del aire que presiona la Tierra. Al cambiar la presión del aire, cambia el tiempo. Se mide la presión del aire con un barómetro.

Los termómetros, veletas, anemómetros, varas de medida y barómetros miden el tiempo.